Eine Idee von Lenn Vincent GmbH.
Das Werk ist einschließlich aller seiner Teile urheberrechtlich geschützt. Jede Verwendung außerhalb der engen Grenzen des Urheberrechtsgesetzes ist ohne Zustimmung des Verlages unzulässig und strafbar. Das gilt insbesondere für Vervielfältigungen, Übersetzungen, Mikroverfilmungen und die Verarbeitung in elektronischen Systemen.

© 2017 der deutschen Ausgabe.
Alle Rechte vorbehalten.

ISBN 978-3-907098-08-0

www.leo-schneepard.de

Leo Schneepard
und das Tausch-Spielsachen-Projekt

AUTOR
MELANIE ROEMER

Leo Schneepard geht schon in die zweite Klasse und liebt die Schule, meistens zumindest. Frau Schmitz, seine Lehrerin, plant immer ganz tolle Projekte mit den Kindern. Heute geht es um die Zeit, wo es noch kein Geld gegeben hat und Dinge getauscht wurden.

„Früher, vor ganz langer Zeit hatten Menschen kein Geld. Trotzdem durften sie sich auch zu dieser Zeit nicht einfach nehmen, was ihnen gefallen hat. Die Menschen hatten Dinge miteinander getauscht."

„Wie getauscht?", fragt Leo seine Lehrerin.

"Sie haben zum Beispiel Eier gegen Mehl oder Milch gegen Butter getauscht."

„So wie wenn ich mit Maya mein Käsebrot gegen ihren Jogurt tausche?", fragt Leo neugierig.

„Richtig, Leo", erwidert die Lehrerin.

„Nur haben die Menschen die Dinge zum Tauschen nicht einfach so bekommen. Sie mussten für die Dinge, die sie brauchten oder besitzen wollten, etwas machen. Wisst ihr, was man alles machen muss, um zum Beispiel Hühnereier zu haben?"
"Man braucht Hühner", antwortet Maya.
„Und man braucht einen Hühnerstall", sagt Elli Elefant. „Das ist richtig. Und man muss die Hühner täglich füttern, den Stall misten, Eier einsammeln und so weiter", erklärt Frau Schmitz.
Leo überlegt. „Und dann bekam man alles, was man wollte für ein Ei?"

„Nicht ganz. Für kleine Dinge brauchte man weniger Eier und für große Dinge mussten die Menschen ganz viele Eier sammeln. Oder Leo, würdest du mit Maya dein Käsebrot gegen nur eine Erdbeere tauschen?" Frau Schmitz lächelt Leo an.
„Hmm, ich weiß nicht ... ich liebe Erdbeeren, aber danach hätte ich bestimmt noch Hunger", meint Leo und seine Klassenkameraden lachen.
„Genau! Du solltest dein Brot nur mit etwas tauschen, von dem du auch satt werden kannst. Hast du das gefunden, hast du auch deinen passenden Tausch-partner gefunden", erklärt Frau Schmitz.

Leo hat eine Idee: „Wie wäre es, wenn wir unsere Spielsachen tauschen?"
Frau Schmitz schaut lächelnd in die Runde. Die anderen Kinder murmeln miteinander und sind mit dem Vorschlag einverstanden.
Maya spricht weiter: „Oh ja, das könnte unser Spielsachen-Tausch-Projekt werden. Jeder bringt Spielzeug mit, die er gerne tauschen möchte und sucht dann einen Tauschpartner!"
Die Klassenkameraden finden die Idee super. Gemeinsam beschließen sie, am kommenden Montag mit dem Projekt zu beginnen. Frau Schmitz schreibt den Termin und die Aufgabe groß an die Hausaufgabentafel und dann klingelt schon die Schulklingel. „Also denkt an eure „Tauschspielsachen" und habt ein tolles Wochenende", ruft Frau Schmitz den Kindern zu.

Das Wochenende verging wie im Flug und Leo hatte viel Spaß. Am Abend vor der Schule liegt Leo noch mit Lilly auf dem Sofa und sie reden noch etwas miteinander. „Lilly, morgen machen wir unser eigenes Spielzeug-Tausch-Projekt in der Schule. Wir tauschen unsere Spielsachen untereinander."
„Das hört sich spannend an. Was nimmst du denn mit?"
Plötzlich fällt Leo ein, dass er für das Tausch-Spielsachen-Projekt noch gar keine Spielsachen rausgesucht hat. „Komm Lilly, ich muss noch Spielsachen raussuchen." Leo nimmt Lilly an die Hand und läuft mit ihr in sein Kinderzimmer.

Leo schaut sich seine Spielsachen an. „Oh schau mal Lilly, meine Spielzeugeisenbahn. Komm, wir bauen sie auf!" Leo vergisst, was er eigentlich vorhatte.
Lilly wird ungeduldig. „Schau mal Leo, mit dem Auto hast du lange nicht mehr gespielt. Darf ich das in deine Tasche legen?"
„Nein, das ist mein Auto, damit spiel ich gerne", Leo nimmt Lilly das Auto aus der Hand und legt es zurück. Am liebsten möchte Leo alle Spielsachen behalten. Aber ihm fällt auch wieder ein, dass er in der Schule etwas tauschen möchte. Deswegen fängt er an, die Spielsachen, mit denen er lange nicht mehr gespielt hat, in seine Tasche zu legen. So langsam ist er ganz gespannt, was er morgen damit alles tauschen kann.

Am nächsten Tag kommt Leo sehr früh in der Schule an. Frau Schmitz hat die Klasse schon für das Projekt vorbereitet. Immer zwei Kinder teilen sich einen Tisch und können auf diesem ihre Spielsachen auslegen. Die Kinder verteilen ihre Spielsachen auf den Tischen.
„So schöne Spielsachen", denkt sich Leo. „Das ist ja wie im Spielzeugladen!" Leo fällt sofort eine Spardose auf. Die Spardose ist von Kimmy Krokodil und gefällt ihm sehr gut. Leo nimmt sein aussortiertes Auto und rennt damit zu Kimmy. „Hey schau mal, ich würde gerne deine Spardose gegen mein Auto tauschen." Leo nimmt sich die Spardose. Doch Kimmy nimmt ihm diese wieder weg. „Nein, Leo."

Kimmy läuft zu Maya und schaut sich ihren Teddybären an. „Den würde ich gerne tauschen!" Kimmy hält Maya zum Tausch gegen ihren Teddy die Spardose hin. Maya hat eine Idee. Sie hat gemerkt, dass Leo die Spardose möchte. „Wie wäre es, wenn du meinen Teddybären nimmst, ich Leo sein Auto und Leo bekommt die Spardose?" Maya schaut die Beiden lächelnd an und zwinkert Leo zu. „Ok, so machen wir das!"

Leo, Maya und Kimmy sind glücklich. Sie wurden sich einig und haben den passenden Tauschpartner gefunden.

Frau Schmitz ruft die Kinder zusammen. „So, Kinder, hat euch das Spielsachen-Tausch-Projekt gefallen?" Alle Kinder rufen begeistert: „Ja!"
„Na dann erzählt mal, was ihr heute aus dem Spielsachen-Tausch-Projekt gelernt habt?"
Kimmy Krokodil fängt an: „Früher hatten die Menschen noch kein Geld. Zu der Zeit haben sie sich Tauschpartner gesucht, um Dinge zu tauschen."
Elli Elefant erzählt weiter: „Es ist gar nicht so einfach, Dinge miteinander zu tauschen. Man muss viel miteinander reden, bis man den richtigen Tauschpartner findet."
Leo fällt noch ein: „Und manchmal möchte der eine etwas tauschen, was der andere nicht mag. Und dann tauscht man gar nichts."
„Das ist alles richtig", bejaht Frau Schmitz.

"Und wie ist das heute?", fragt Kimmy Krokodil.

"Heute tauschen wir Dinge mit Geld", erklärt Frau Schmitz. "Wenn wir in ein Geschäft gehen, tauschen wir zum Beispiel Spielsachen mit Geld. Der Ladenbesitzer bekommt Geld und wir bekommen im Gegenzug die Spielsachen."

Leo will mehr wissen: „Und woher bekommen wir das Geld?"

„Gute Frage, Leo. Anstatt Hühner zu halten, um die Eier zu tauschen, geht man heute arbeiten, um Geld zu verdienen. Mit diesem Geld tauschen wir dann das, was wir brauchen und haben möchten", erklärt Frau Schmitz.

Am Ende vom Tag sind die Kinder ganz schön müde. Es ist anstrengend, so viel miteinander zu tauschen. Leo hat viele neue Spielsachen dazu bekommen, aber auch noch einige von seinen Spielsachen behalten. Er ist glücklich mit dem, was er getauscht hat. Fröhlich geht er nach Hause und freut sich auf das nächste tolle Schulprojekt!